卞尺丹几乙し丹卞と

Translated Language Learning

Aladdin and the Wonderful Lamp

Аладдин и чудесная лампа

Antoine Galland

English / Русский

Copyright © 2023 Tranzlaty
All rights reserved
Published by Tranzlaty
ISBN: 978-1-83566-070-6
Original text by Antoine Galland
From *"Les mille et une nuits"*
First published in French in 1704
Taken from The Blue Fairy Book
Collected and translated by Andrew Lang
www.tranzlaty.com

Once upon a time there lived a poor tailor
Жил-был бедный портной
he had a son called Aladdin
У него был сын по имени Аладдин
Aladdin was a careless, idle boy who would do nothing
Аладдин был беспечным, ленивым мальчиком, который ничего не делал
although, he did like to play ball all day long
Хотя он любил целыми днями играть в мяч
this he did in the streets with other little idle boys
Это он делал на улице с другими маленькими праздными мальчишками
This so grieved the father that he died
Это так огорчило отца, что он умер
his mother cried and prayed but nothing helped
Мать плакала и молилась, но ничего не помогало
despite her pleading, Aladdin did not mend his ways
Несмотря на ее мольбы, Аладдин не исправился
One day Aladdin was playing in the streets as usual
Однажды Аладдин, как обычно, играл на улицах
a stranger asked him his age
Незнакомец спросил его, сколько ему лет
and he asked him if he was not the son of Mustapha the tailor
Он спросил его, не сын ли он портного Мустафы
"I am the son of Mustapha, sir" replied Aladdin
— Я сын Мустафы, сэр, — ответил Аладдин
"but he died a long time ago"
"Но он умер давным-давно"
the stranger was a famous African magician
незнакомец был известным африканским фокусником
and he fell on his neck and kissed him
Он упал ему на шею и поцеловал его
"I am your uncle" said the magician
— Я твой дядя, — сказал волшебник
"I knew you from your likeness to my brother"
«Я узнал тебя по твоему подобию брату моему»

"Go to your mother and tell her I am coming"
«Иди к своей матери и скажи ей, что я иду»
Aladdin ran home and told his mother of his newly found uncle
Аладдин побежал домой и рассказал матери о своем недавно найденном дяде
"Indeed, child," she said, "your father had a brother"
— Да, дитя, — сказала она, — у твоего отца был брат.
"but I always thought he was dead"
«Но я всегда думала, что он умер»
However, she prepared supper for the visitor
Тем не менее, она приготовила ужин для гостя
and she bade Aladdin to seek his uncle
и она велела Аладдину разыскать своего дядю
Aladdin's uncle came laden with wine and fruit
Пришел дядя Аладдина, нагруженный вином и фруктами
He fell down and kissed the place where Mustapha used to sit
Он упал и поцеловал то место, где сидел Мустафа
and he bid Aladdin's mother not to be surprised
и он велел матери Аладдина не удивляться
he explained he had been out of the country forty years
Он объяснил, что отсутствовал в стране сорок лет
He then turned to Aladdin and asked him his trade
Затем он повернулся к Аладдину и спросил его о ремесле
but the boy hung his head in shame
Но мальчик повесил голову от стыда
and his mother burst into tears
И мать его расплакалась
so Aladdin's uncle offered to provide food
поэтому дядя Аладдина предложил обеспечить едой

The next day he bought Aladdin a fine suit of clothes
На следующий день он купил Аладдину прекрасный костюм
and he took him all over the city

и водил его по всему городу
he showed him the sights of the city
Он показал ему достопримечательности города
at nightfall he brought him home to his mother
С наступлением темноты он привез его домой к матери
his mother was overjoyed to see her son so fine
Его мать была вне себя от радости, увидев своего сына таким прекрасным
The next day the magician led Aladdin into some beautiful gardens
На следующий день волшебник повел Аладдина в прекрасные сады
this was a long way outside the city gates
Это было далеко за городскими воротами
They sat down by a fountain
Они сели у фонтана
and the magician pulled a cake from his girdle
И волшебник вытащил из-за пояса лепешку
he divided the cake between the two of them
Он разделил торт между ними
Then they journeyed onward till they almost reached the mountains
Затем они отправились дальше, пока не достигли почти гор
Aladdin was so tired that he begged to go back
Аладдин так устал, что умолял вернуться
but the magician beguiled him with pleasant stories
Но волшебник обольстил его приятными историями
and he led him on in spite of his laziness
И он повел его вперед, несмотря на его лень
At last they came to two mountains
Наконец они подошли к двум горам
the two mountains were divided by a narrow valley
Две горы были разделены узкой долиной
"We will go no farther" said the false uncle
— Дальше мы не пойдем, — сказал лживый дядя
"I will show you something wonderful"

«Я покажу тебе кое-что чудесное»
"gather up sticks while I kindle a fire"
«Собирай хворост, пока я разжигаю огонь»
When the fire was lit the magician threw a powder on it
Когда огонь был зажжен, волшебник бросил в него порошок
and he said some magical words
И он произнес несколько волшебных слов
The earth trembled a little and opened in front of them
Земля слегка задрожала и разверзлась перед ними
a square flat stone revealed itself
Открылся квадратный плоский камень
and in the middle of the the stone was a brass ring
А в середине камня было медное кольцо
Aladdin tried to run away
Аладдин попытался убежать
but the magician caught him
Но волшебник поймал его
and gave him a blow that knocked him down
и нанес ему удар, который сбил его с ног
"What have I done, uncle?" he said piteously
«Что я наделал, дядя?» — жалобно сказал он
the magician said more kindly: "Fear nothing, but obey me"
волшебник сказал ласковее: «Ничего не бойся, но повинуйся мне»
"Beneath this stone lies a treasure which is to be yours"
«Под этим камнем лежит сокровище, которое должно стать твоим»
"and no one else may touch it"
«И никто другой не может прикоснуться к нему»
"so you must do exactly as I tell you"
«Поэтому ты должен делать в точности то, что я тебе скажу»
At the mention of treasure Aladdin forgot his fears
При упоминании о сокровище Аладдин забыл о своих страхах

he grasped the ring as he was told
Он схватился за кольцо, как ему сказали
and he said the names of his father and grandfather
И он назвал имена отца своего и деда
The stone came up quite easily
Камень подошел довольно легко
and some steps appeared in front of them
И перед ними показались какие-то шаги
"Go down" said the magician
— Спускайся, — сказал волшебник
"at the foot of those steps you will find an open door"
«У подножия этих ступеней вы найдете открытую дверь»
"the door leads into three large halls"
«Дверь ведет в три больших зала»
"Tuck up your gown and go through the halls"
«Заправляй халат и иди по коридорам»
"make sure not to touching anything"
«Ни к чему не прикасаться»
"if you touch anything, you will die instantly"
«Если прикоснешься к чему-нибудь, то умрешь мгновенно»
"These halls lead into a garden of fine fruit trees"
«Эти залы ведут в сад прекрасных фруктовых деревьев»
"Walk on until you come to a niche in a terrace"
«Идите, пока не дойдете до ниши на террасе»
"there you will see a lighted lamp"
"Там ты увидишь зажженную лампу"
"Pour out the oil of the lamp"
«Вылей масло из лампады»
"and then bring me the lamp"
«А потом принеси мне лампу»
He drew a ring from his finger and gave it to Aladdin
Он снял с пальца кольцо и отдал его Аладдину
and he bid him to prosper
И он велел ему преуспевать
Aladdin found everything as the magician had said
Аладдин нашел все, как сказал волшебник

he gathered some fruit off the trees
Он сорвал с деревьев несколько плодов
and, having got the lamp, he arrived at the mouth of the cave
и, взяв светильник, подошел к входу в пещеру
The magician cried out in a great hurry
— закричал волшебник в большой спешке
"Make haste and give me the lamp"
«Поспеши и дай мне светильник»
This Aladdin refused to do until he was out of the cave
Это Аладдин отказывался делать, пока не вышел из пещеры
The magician flew into a terrible passion
Волшебник впал в страшную страсть
he threw some more powder on to the fire
Он бросил в огонь еще немного пороха
and then he cast another magic spell
А затем он произнес еще одно магическое заклинание
and the stone rolled back into its place
И камень покатился на свое место
The magician left Persia for ever
Волшебник навсегда покинул Персию
this plainly showed that he was no uncle of Aladdin's
это ясно показывало, что он не был дядей Аладдина
what he really was was a cunning magician
На самом деле он был хитрым волшебником
a magician who had read of a wonderful lamp
волшебник, прочитавший о чудесной лампе
a lamp which would make him the most powerful man in the world
лампа, которая сделает его самым могущественным человеком в мире
but he alone knew where to find it
Но он один знал, где его найти
and he could only receive it from the hand of another
И он мог получить его только из рук другого
He had picked out the foolish Aladdin for this purpose
Для этой цели он выбрал глупого Аладдина

he had intended to get the lamp and kill him afterwards
Он намеревался заполучить лампу и убить его после этого

For two days Aladdin remained in the dark
Два дня Аладдин оставался в темноте
he cried and lamented his situation
Он плакал и сокрушался о своем положении
At last he clasped his hands in prayer
Наконец он сложил руки в молитве
and in so doing he rubbed the ring
И при этом он потер кольцо
the magician had forgotten to take the ring back from him
Волшебник забыл забрать у него кольцо
Immediately an enormous and frightful genie rose out of the earth
В тот же миг из-под земли поднялся огромный и страшный джинн
"What would thou have me do?"
— Что ты хочешь, чтобы я сделал?
"I am the Slave of the Ring"
«Я — раб кольца»
"and I will obey thee in all things"
"и Я буду повиноваться Тебе во всем"
Aladdin fearlessly replied: "Deliver me from this place!"
Аладдин бесстрашно ответил: «Избавь меня отсюда!»
and the earth opened above him
И разверзлась земля над ним
and he found himself outside
И он оказался снаружи
As soon as his eyes could bear the light he went home
Как только его глаза выдержали свет, он отправился домой
but he fainted when he got there
Но он упал в обморок, когда добрался туда
When he came to himself he told his mother what had happened
Придя в себя, он рассказал матери о случившемся

and he showed her the lamp
И он показал ей светильник
and he shower her the the fruits he had gathered in the garden
и осыпал ее плодами, которые собрал в саду
the fruits were, in reality, precious stones
Плодами были, на самом деле, драгоценные камни
He then asked for some food
Затем он попросил немного еды
"Alas! child" she said
«Увы! дитя», — сказала она
"I have nothing in the house"
«У меня в доме ничего нет»
"but I have spun a little cotton"
«Но я немного сплел вату»
"and I will go and sell the cotton"
«А я пойду и продам хлопок»
Aladdin bade her keep her cotton
Аладдин велел ей сохранить хлопок
he told her he would sell the lamp instead of the cotton
Он сказал ей, что продаст лампу вместо хлопка
As it was very dirty she began to rub the lamp
Так как было очень грязно, она начала тереть лампу
a clean lamp might fetch a higher price
Чистая лампа может стоить дороже
Instantly a hideous genie appeared
В тот же миг появился отвратительный джинн
he asked what she would like to have
Он спросил, что бы она хотела иметь
at the sight of the genie she fainted
При виде джинна она упала в обморок
but Aladdin, snatching the lamp, said boldly:
но Аладдин, схватив лампу, смело сказал:
"Fetch me something to eat!"
— Принеси мне что-нибудь поесть!
The genie returned with a silver bowl

Джинн вернулся с серебряной чашей
he had twelve silver plates containing rich meats
У него было двенадцать серебряных блюд с богатым мясом
and he had two silver cups and two bottles of wine
У него было две серебряные чаши и две бутылки вина
Aladdin's mother, when she came to herself, said:
Мать Аладдина, придя в себя, сказала:
"Whence comes this splendid feast?"
— Откуда же этот великолепный пир?
"Ask not where it came from, but eat, mother" replied Aladdin
— Не спрашивай, откуда она, а ешь, матушка, — ответил Аладдин
So they sat at breakfast till it was dinner-time
Так они сидели за завтраком, пока не наступило время обеда
and Aladdin told his mother about the lamp
и Аладдин рассказал матери про лампу
She begged him to sell it
Она умоляла его продать его
"let us have nothing to do with devils"
«Давайте не будем иметь ничего общего с чертями»
but Aladdin had thought it would be wiser to use the lamp
но Аладдин решил, что будет разумнее использовать лампу
"chance hath made us aware of its virtues"
«Случай познал наши достоинства»
"we will use it, and the ring likewise"
«Мы будем использовать его, и кольцо тоже»
"I shall always wear it on my finger"
«Я всегда буду носить его на пальце»
When they had eaten all the genie had brought, Aladdin sold one of the silver plates
Когда они съели все, что принес джинн, Аладдин продал одну из серебряных тарелок
and when he needed money again he sold the next plate
А когда ему снова понадобились деньги, он продал

следующую тарелку
he did this until no plates were left
Он делал это до тех пор, пока не осталось тарелок
He then he made another wish to the genie
Затем он загадал еще одно желание джинну
and the genie gave him another set of plates
И джинн дал ему еще один набор тарелок
and thus they lived for many years
И так они прожили много лет

One day Aladdin heard an order from the Sultan
Однажды Аладдин услышал приказ султана
everyone was to stay at home and close their shutters
Все должны были сидеть дома и закрывать ставни
the Princess was going to and from her bath
Принцесса шла в ванну и обратно
Aladdin was seized by a desire to see her face
Аладдин был охвачен желанием увидеть ее лицо
although it was very difficult to see her face
хотя разглядеть ее лицо было очень трудно
because everywhere she went she wore a veil
потому что куда бы она ни пошла, она носила вуаль
He hid himself behind the door of the bath
Он спрятался за дверью бани
and he peeped through a chink in the door
И он заглянул в щель в двери
The Princess lifted her veil as she went in to the bath
Принцесса приподняла вуаль и вошла в ванну
and she looked so beautiful that Aladdin fell in love with her at first sight
и выглядела она так красиво, что Аладдин влюбился в нее с первого взгляда
He went home so changed that his mother was frightened
Он вернулся домой настолько изменившимся, что его мать испугалась
He told her he loved the Princess so deeply that he could not

live without her
Он сказал ей, что любит принцессу так сильно, что не может жить без нее
and he wanted to ask her in marriage of her father
И он хотел просить ее замуж за ее отца
His mother, on hearing this, burst out laughing
Его мать, услышав это, расхохоталась
but Aladdin at last prevailed upon her to go before the Sultan
но в конце концов Аладдин убедил ее предстать перед султаном
and she was going to carry his request
И она собиралась исполнить его просьбу
She fetched a napkin and laid in it the magic fruits
Она принесла салфетку и положила в нее волшебные фрукты
the magic fruits from the enchanted garden
Волшебные фрукты из заколдованного сада
the fruits sparkled and shone like the most beautiful jewels
Плоды сверкали и сияли, как самые красивые драгоценные камни
She took the magic fruits with her to please the Sultan
Волшебные плоды она взяла с собой, чтобы порадовать султана
and she set out, trusting in the lamp
И она отправилась в путь, уповая на светильник
The Grand Vizier and the lords of council had just gone into the palace
Великий визирь и лорды совета только что вошли во дворец
and she placed herself in front of the Sultan
и она встала перед султаном
He, however, took no notice of her
Он, однако, не обращал на нее внимания
She went every day for a week
Она ходила каждый день в течение недели
and she stood in the same place

И она стояла на том же месте
When the council broke up on the sixth day the Sultan said to his Vizier:
Когда на шестой день совет распался, султан сказал своему визирю:
"I see a certain woman in the audience-chamber every day"
«Каждый день я вижу одну женщину в зале для аудиенций»
"she is always carrying something in a napkin"
«Она всегда что-то носит в салфетке»
"Call her to come to us, next time"
«Позови ее, чтобы она приехала к нам в следующий раз»
"so that I may find out what she wants"
«чтобы я мог узнать, чего она хочет»
Next day the Vizier gave her a sign
На следующий день визирь подал ей знак
she went up to the foot of the throne
Она взошла к подножию трона
and she remained kneeling till the Sultan spoke to her
и она стояла на коленях, пока султан не заговорил с ней
"Rise, good woman, tell me what you want"
«Встань, добрая женщина, скажи мне, чего ты хочешь»
She hesitated, so the Sultan sent away all but the Vizier
Она колебалась, и султан отослал всех, кроме визиря
and he bade her to speak frankly
И он велел ей говорить откровенно
and he promised to forgive her for anything she might say
И он обещал простить ее за все, что она скажет
She then told him of her son's violent love for the Princess
Затем она рассказала ему о страстной любви своего сына к принцессе
"I prayed him to forget her" she said
«Я молила его, чтобы он забыл ее», — сказала она
"but the prayers were in vain"
«Но молитвы были напрасны»
"he threatened to do some desperate deed if I refused to go"
«он угрожал сделать какой-нибудь отчаянный поступок,

если я откажусь поехать»
"and so I ask your Majesty for the hand of the Princess"
«И поэтому я прошу у вашего величества руки принцессы»
"but now I pray you to forgive me"
«Но теперь я молю тебя простить меня»
"and I pray that you forgive my son Aladdin"
«И я молюсь, чтобы вы простили моего сына Аладдина»
The Sultan asked her kindly what she had in the napkin
Султан ласково спросил ее, что у нее в салфетке
so she unfolded the napkin
И она развернула салфетку
and she presented the jewels to the Sultan
и она преподнесла драгоценности султану
He was thunderstruck by the beauty of the jewels
Он был поражен красотой драгоценностей
and he turned to the Vizier and asked "What sayest thou?"
Он повернулся к визирю и спросил: «Что ты скажешь?»
"Ought I not to bestow the Princess on one who values her at such a price?"
— Не должен ли я отдать принцессу тому, кто ценит ее такой ценой?
The Vizier wanted her for his own son
Визирь хотел, чтобы она стала его собственным сыном
so he begged the Sultan to withhold her for three months
поэтому он умолял султана задержать ее на три месяца
perhaps within the time his son would contrive to make a richer present
Возможно, в течение некоторого времени его сын ухитрится сделать более богатый подарок
The Sultan granted the wish of his Vizier
Султан исполнил желание своего визиря
and he told Aladdin's mother that he consented to the marriage
и он сказал матери Аладдина, что согласен на брак
but she must not appear before him again for three months
Но она не должна была предстать перед ним в течение трех

месяцев

Aladdin waited patiently for nearly three months
Аладдин терпеливо ждал почти три месяца
after two months had elapsed his mother went to go to the market
По прошествии двух месяцев мать пошла на рынок
she was going into the city to buy oil
Она ехала в город за нефтью
when she got to the market found every one rejoicing
Придя на рынок, она увидела, что все радуются
so she asked what was going on
Поэтому она спросила, что происходит
"Do you not know?" was the answer
«Разве вы не знаете?» — был ответ
"the son of the Grand Vizier is to marry the Sultan's daughter tonight"
«Сын великого визиря должен жениться на дочери султана сегодня вечером»
Breathless, she ran and told Aladdin
Запыхавшись, она побежала и рассказала Аладдину
at first Aladdin was overwhelmed
сначала Аладдин был ошеломлен
but then he thought of the lamp and rubbed it
Но потом он вспомнил о лампе и потер ее
once again the the genie appeared out of the lamp
И снова джинн появился из лампы
"What is thy will?" asked the genie
«Какова твоя воля?» — спросил джинн
"The Sultan, as thou knowest, has broken his promise to me"
«Султан, как ты знаешь, нарушил свое обещание, данное мне»
"the Vizier's son is to have the Princess"
«Сын визиря должен иметь принцессу»
"My command is that tonight you bring the bride and bridegroom"

«Я приказываю, чтобы сегодня вечером вы привели жениха и невесту»
"Master, I obey" said the genie
— Учитель, я повинуюсь, — сказал джинн
Aladdin then went to his chamber
Затем Аладдин отправился в свои покои
sure enough, at midnight the genie transported a bed
И действительно, в полночь джинн перенес кровать
and the bed contained the Vizier's son and the Princess
а на кровати лежали сын визиря и принцесса
"Take this new-married man, genie" he said
— Возьми этого молодожена, джинн, — сказал он
"put him outside in the cold for the night"
«Выставь его на холод на ночь»
"then return them again at daybreak"
«Тогда верни их снова на рассвете»
So the genie took the Vizier's son out of bed
Тогда джинн вытащил сына визиря из постели
and he left Aladdin with the Princess
и он оставил Аладдина с принцессой
"Fear nothing," Aladdin said to her, "you are my wife"
«Ничего не бойся, — сказал ей Аладдин, — ты моя жена»
"you were promised to me by your unjust father"
«Ты был обещан мне твоим несправедливым отцом»
"and no harm shall come to you"
«И не будет с вами зла»
The Princess was too frightened to speak
Принцесса была слишком напугана, чтобы говорить
and she passed the most miserable night of her life
И она провела самую несчастную ночь в своей жизни
although Aladdin lay down beside her and slept soundly
хотя Аладдин лег рядом с ней и крепко заснул
At the appointed hour the genie fetched in the shivering bridegroom
В назначенный час джинн принес дрожащего жениха
he laid him in his place

Он положил его на свое место
and he transported the bed back to the palace
И он перенес кровать обратно во дворец
Presently the Sultan came to wish his daughter good-morning
Вскоре султан подошел, чтобы пожелать дочери доброго утра
The unhappy Vizier's son jumped up and hid himself
Сын несчастного визиря вскочил и спрятался
and the Princess would not say a word
и принцесса не сказала ни слова
and she was very sorrowful
И она очень опечалилась
The Sultan sent her mother to her
Султан послал к ней ее мать
"Why will you not speak to your father, child?"
— Почему ты не говоришь со своим отцом, дитя?
"What has happened?" she asked
«Что случилось?» — спросила она
The Princess sighed deeply
Принцесса глубоко вздохнула
and at last she told her mother what had happened
Наконец она рассказала матери о том, что случилось
she told her how the bed had been carried into some strange house
Она рассказала ей, как кровать была перенесена в какой-то странный дом
and she told of what had happened in the house
И она рассказала о том, что случилось в доме
Her mother did not believe her in the least
Мать ей нисколько не верила
and she bade her to consider it an idle dream
И она велела ей считать это пустым сном
The following night exactly the same thing happened
На следующую ночь произошло то же самое
and the next morning the princess wouldn't speak either
А на следующее утро принцесса тоже молчала

on the Princess's refusal to speak, the Sultan threatened to cut off her head
Когда принцесса отказалась говорить, султан пригрозил отрубить ей голову
She then confessed all that had happened
Затем она призналась во всем, что произошло
and she bid him to ask the Vizier's son
и она велела ему спросить сына визиря
The Sultan told the Vizier to ask his son
Султан велел визирю спросить его сына
and the Vizier's son told the truth
и сын визиря сказал правду
he added that he dearly loved the Princess
он прибавил, что нежно любит княгиню
"but I would rather die than go through another such fearful night"
«Но я лучше умру, чем проведу еще одну такую страшную ночь»
and he wished to be separated from her, which was granted
и он пожелал разлучиться с нею, что и было исполнено
and there was an end to feasting and rejoicing
И прекратились пиршества и веселья

then the three months were over
Потом три месяца закончились
Aladdin sent his mother to remind the Sultan of his promise
Аладдин послал свою мать напомнить султану о своем обещании
She stood in the same place as before
Она стояла на том же месте, что и раньше
the Sultan had forgotten Aladdin
султан забыл об Аладдине
but at once he remembered him again
Но тотчас же вспомнил о нем
and he asked for her to come to him
И он попросил, чтобы она пришла к нему

On seeing her poverty the Sultan felt less inclined than ever to keep his word
Увидев ее бедность, султан почувствовал себя менее склонным, чем когда-либо, сдержать свое слово
and he asked his Vizier's advice
и он спросил совета у своего визиря
he counselled him to set a high value on the Princess
он посоветовал ему высоко ценить принцессу
a price so high that no man living could come up to it
Цена настолько высока, что ни один живущий человек не смог бы сравниться с ней
The Sultan then turned to Aladdin's mother, saying:
Тогда султан повернулся к матери Аладдина и сказал:
"Good woman, a Sultan must remember his promises"
«Добрая женщина, султан должен помнить свои обещания»
"and I will remember my promise"
«И вспомню обещание мое»
"but your son must first send me forty basins of gold"
«Но твой сын должен сначала послать мне сорок тазов золота»
"and the gold basins must be brimful of jewels"
«И золотые чаши должны быть полны драгоценностей»
"and they must be carried by forty black camels"
«И их должны нести сорок черных верблюдов»
"and in front of each black camel there is to be a white one"
«И перед каждым черным верблюдом должен быть белый»
"and they are all to be splendidly dressed"
"И все они должны быть великолепно одеты"
"Tell him that I await his answer"
«Скажи ему, что я жду его ответа»
The mother of Aladdin bowed low
Мать Аладдина низко поклонилась
and then she went home
А потом она пошла домой
although she thought all was lost

хотя она думала, что все потеряно
She gave Aladdin the message
Она передала Аладдину послание
and she added, "He may wait long enough for your answer!"
И добавила: «Он может подождать твоего ответа достаточно долго!»
"Not so long as you think, mother" her son replied
— Не так долго, как ты думаешь, мама, — ответил ее сын
"I would do a great deal more than that for the Princess"
«Я бы сделал для принцессы гораздо больше»
and he summoned the genie again
И он снова вызвал джинна
and in a few moments the eighty camels arrived
Через несколько мгновений прибыли восемьдесят верблюдов
and they took up all space in the small house and garden
И они занимали все место в маленьком домике и саду
Aladdin made them set out to the palace
Аладдин заставил их отправиться во дворец
and they were followed by his mother
За ними последовала его мать
They were very richly dressed
Они были очень богато одеты
and splendid jewels were on their girdles
и на поясах их были великолепные драгоценные камни
and everyone crowded around to see them
И все столпились вокруг, чтобы посмотреть на них
and the basins of gold they carried on their backs
и чаши с золотом, которые они несли на своих спинах
They entered the palace of the Sultan
Они вошли во дворец султана
and they kneeled before him in a semi circle
И они встали перед ним на колени полукругом
and Aladdin's mother presented them to the Sultan
и мать Аладдина подарила их султану
He hesitated no longer, but said:

Он уже не колебался и сказал:
"Good woman, return to your son"
«Добрая женщина, вернись к своему сыну»
"tell him that I wait for him with open arms"
«скажи ему, что я жду его с распростертыми объятиями»
She lost no time in telling Aladdin
Она, не теряя времени, рассказала об этом Аладдину
and she bid him make haste
И она велела ему поторопиться
But Aladdin first called for the genie
Но сначала Аладдин позвал джинна
"I want a scented bath" he said
«Я хочу ароматическую ванну», — сказал он
"and I want a horse more beautiful than the Sultan's"
«А я хочу лошадь красивее, чем у султана»
"and I want twenty servants to attend me"
«И я хочу, чтобы ко мне приходили двадцать слуг»
"and I also want six beautifully dressed servants to wait on my mother
— А еще я хочу, чтобы шесть красиво одетых слуг прислуживали моей матери
"and lastly, I want ten thousand pieces of gold in ten purses"
«И, наконец, я хочу десять тысяч золотых монет в десяти кошельках»
No sooner had he said what he wanted and it was done
Не успел он сказать то, что хотел, и дело было сделано
Aladdin mounted his beautiful horse
Аладдин сел на своего прекрасного коня
and he passed through the streets
И он прошел по улицам
the servants cast gold into the crowd as they went
Слуги бросали золото в толпу на ходу
Those who had played with him in his childhood knew him not
Те, кто играл с ним в детстве, не знали его
he had grown very handsome

Он вырос очень красивым
When the Sultan saw him he came down from his throne
Когда султан увидел его, он сошел со своего трона
he embraced his new son in law with open arms
Он обнял своего нового зятя с распростертыми объятиями
and he led him into a hall where a feast was spread
И он ввел его в зал, где был устроен пир
he intended to marry him to the Princess that very day
он намеревался женить его на принцессе в тот же день
But Aladdin refused to marry straight away
Но Аладдин сразу отказался жениться
"first I must build a palace fit for the princess"
«Сначала я должен построить дворец, достойный принцессы»
and then he took his leave
А потом ушел
Once home, he said to the genie:
Придя домой, он сказал джинну:
"Build me a palace of the finest marble"
«Построй мне дворец из лучшего мрамора»
"set the palace with jasper, agate, and other precious stones"
«Украсьте дворец яшмой, агатом и другими драгоценными камнями»
"In the middle you shall build me a large hall with a dome"
«Посредине ты построишь мне большой зал с куполом»
"its four walls will be of masses of gold and silver"
«Четыре стены его будут из массы золота и серебра»
"and each wall will have six windows"
"И в каждой стене будет по шесть окон"
"and the lattices of the windows will be set with precious jewels"
«И решетки окон будут украшены драгоценными камнями»
"but there must be one window that is not decorated"
"Но должно быть одно окно, которое не украшено"
"go see that it gets done!"
«Иди и посмотри, как это будет сделано!»

The palace was finished by the next day
Дворец был закончен на следующий день
the genie carried him to the new palace
Джинн перенес его в новый дворец
and he showed him how all his orders had been faithfully carried out
И он показал ему, как верно выполнялись все его приказы
even a velvet carpet had been laid from Aladdin's palace to the Sultan's
даже бархатный ковер был проложен от дворца Аладдина до дворца султана
Aladdin's mother then dressed herself carefully
Затем мать Аладдина тщательно оделась
and she walked to the palace with her servants
И пошла она во дворец со своими слугами
and Aladdin followed her on horseback
и Аладдин последовал за ней верхом на коне
The Sultan sent musicians with trumpets and cymbals to meet them
Султан послал им навстречу музыкантов с трубами и кимвалами
so the air resounded with music and cheers
Так что воздух оглашался музыкой и радостными возгласами
She was taken to the Princess, who saluted her
Ее отвели к принцессе, которая отсалютовала ей
and she treated her with great honour
И она относилась к ней с великим почетом.
At night the Princess said good-by to her father
Ночью принцесса прощалась с отцом
and she set out on the carpet for Aladdin's palace
и она отправилась на ковер во дворец Аладдина
his mother was at her side
Его мать была рядом с ней
and they were followed by their entourage of servants
За ними следовала свита слуг

She was charmed at the sight of Aladdin
Она была очарована видом Аладдина
and Aladdin ran to receive her into the palace
и побежал Аладдин принимать ее во дворец
"Princess," he said "blame your beauty for my boldness
— Принцесса, — сказал он, — вините свою красоту за мою дерзость
"I hope I have not displeased you"
«Надеюсь, я не огорчил вас»
she said she willingly obeyed her father in this matter
Она сказала, что охотно повиновалась отцу в этом вопросе
because she had seen that he is handsome
потому что она видела, что он красив
After the wedding had taken place Aladdin led her into the hall
После свадьбы Аладдин повел ее в холл
here a feast was spread out in the hall
Здесь в зале был устроен пир
and she supped with him
И она ужинала с ним
after eating they danced till midnight
После еды они танцевали до полуночи

The next day Aladdin invited the Sultan to see the palace
На следующий день Аладдин пригласил султана посмотреть дворец
they entered the hall with the four-and-twenty windows
Они вошли в зал с двадцатью четырьмя окнами
the windows were decorated with rubies, diamonds, and emeralds
Окна были украшены рубинами, бриллиантами и изумрудами
he cried "It is a world's wonder!"
Он воскликнул: «Это чудо света!»
"There is only one thing that surprises me"
«Меня удивляет только одно»

"Was it by accident that one window was left unfinished?"
— Случайно одно окно осталось недостроенным?
"No, sir, it was done so by design" replied Aladdin
— Нет, сэр, это было сделано специально, — ответил Аладдин
"I wished your Majesty to have the glory of finishing this palace"
«Я хотел, чтобы Ваше Величество удостоилось славы закончить этот дворец»
The Sultan was pleased to be given this honour
Султан был рад удостоиться такой чести
and he sent for the best jewellers in the city
И он послал за лучшими ювелирами города
He showed them the unfinished window
Он показал им недостроенное окно
and he bade them to decorate it like the others
И он велел им украсить его, как и другие
"Sir" replied their spokesman
— Сэр, — ответил их представитель
"we cannot find enough jewels"
«Мы не можем найти достаточно драгоценностей»
so the Sultan had his own jewels fetched
поэтому султан велел принести свои драгоценности
but those jewels were soon soon used up too
Но вскоре и эти драгоценности были израсходованы
even after a month's time the work was not half done
Даже по прошествии месяца работа не была сделана наполовину
Aladdin knew that their task was impossible
Аладдин знал, что их задача невыполнима
he bade them to undo their work
Он повелел им отменить свою работу
and he bade them carry the jewels back
И он велел им отнести драгоценности обратно
the genie finished the window at his command
Джинн закончил окно по его команде

The Sultan was surprised to receive his jewels again
Султан был удивлен, снова получив свои драгоценности
he visited Aladdin, who showed him the window finished
он посетил Аладдина, который показал ему законченное окно
and the Sultan embraced his son in law
и султан обнял своего зятя
meanwhile, the envious Vizier suspected the work of enchantment
между тем завистливый визирь заподозрил колдовство
Aladdin had won the hearts of the people by his gentle bearing
Аладдин завоевал сердца людей своим кротким поведением
He was made captain of the Sultan's armies
Он был назначен главнокомандующим султанской армией
and he won several battles for his army
И он выиграл несколько сражений для своей армии
but he remained as modest and courteous as before
Но он оставался таким же скромным и обходительным, как и раньше
in this way he lived in peace and content for several years
Так он жил в мире и довольстве в течение нескольких лет
But far away in Africa the magician remembered Aladdin
Но далеко-далеко, в Африке, волшебник вспомнил об Аладдине
and by his magic arts he discovered Aladdin hadn't perished in the cave
и с помощью своих магических искусств он обнаружил, что Аладдин не погиб в пещере
but instead of perishing he had escaped and married the princess
Но вместо того, чтобы погибнуть, он сбежал и женился на принцессе
and now he was living in great honour and wealth
И теперь он жил в великой чести и богатстве

He knew that the poor tailor's son could only have accomplished this by means of the lamp
Он знал, что сын бедного портного мог сделать это только с помощью лампы
and he travelled night and day until he reached the city
Он шел день и ночь, пока не достиг города
he was bent on making sure of Aladdin's ruin
он был полон решимости погубить Аладдина
As he passed through the town he heard people talking
Проходя через город, он услышал разговор людей
all they could talk about was a marvellous palace
Все, о чем они могли говорить, это чудесный дворец
"Forgive my ignorance," he asked
— Простите меня за невежество, — попросил он
"what is this palace you speak of?"
— Что это за дворец, о котором ты говоришь?
"Have you not heard of Prince Aladdin's palace?" was the reply
«Разве вы не слышали о дворце принца Аладдина?» — был ответ
"it is the greatest wonder of the world"
«Это величайшее чудо света»
"I will direct you to the palace, if you would like to see it"
«Я проведу тебя во дворец, если ты хочешь его увидеть»
The magician thanked him for bringing him to the palace
Волшебник поблагодарил его за то, что он привел его во дворец
and having seen the palace, he knew that it had been raised by the Genie of the Lamp
и, увидев дворец, он понял, что его воздвиг Джинн Лампы
this made him half mad with rage
От этого он чуть не сошел с ума от ярости
He determined to get hold of the lamp
Он решил завладеть лампой
and he would again plunge Aladdin into the deepest poverty
и он снова ввергнет Аладдина в глубочайшую нищету

Unluckily, Aladdin had gone a-hunting for eight days
К несчастью, Аладдин отправился на охоту на восемь дней
this gave the magician plenty of time
Это дало волшебнику достаточно времени
He bought a dozen copper lamps
Он купил десяток медных ламп
and he put them into a basket
и положил их в корзину
and he went to the palace
И он пошел во дворец
"New lamps for old!" he exclaimed
«Новые лампы вместо старых!» — воскликнул он
and he was followed by a jeering crowd
За ним следовала глумящаяся толпа
The Princess was sitting in the hall of four-and-twenty windows
Принцесса сидела в зале с двадцатью четырьмя окнами
she sent a servant to find out what the noise was about
Она послала слугу узнать, что это за шум
the servant came back laughing so much that the Princess scolded her
служанка вернулась с таким смехом, что принцесса отругала ее
"Madam," replied the servant
— Госпожа, — ответил слуга
"who can help but laughing when you see such a thing?"
«Кто может удержаться от смеха, когда видишь такое?»
"an old fool is offering to exchange fine new lamps for old ones"
«Старый дурак предлагает обменять хорошие новые лампы на старые»
Another servant, hearing this, spoke up
Другой слуга, услышав это, заговорил
"There is an old lamp on the cornice there which he can have"
«Там на карнизе стоит старая лампа, которую он может иметь»

this, of course, was the magic lamp
Это, конечно же, была волшебная лампа
Aladdin had left it there, as he could not take it out hunting with him
Аладдин оставил его там, так как не мог взять его с собой на охоту
The Princess didn't know know the lamp's value
Принцесса не знала, чего стоит лампа
laughingly she bade the servant to exchange it
Смеясь, она велела слуге обменять его
the servant took the lamp to the magician
Слуга отнес лампу волшебнику
"Give me a new lamp for this" she said
— Дай мне для этого новую лампу, — сказала она
He snatched it and bade the servant to take her choice
Он схватил его и велел служанке сделать свой выбор
and all the crowd jeered at the sight
И вся толпа насмехалась над этим зрелищем
but the magician cared little for the crowd
Но волшебнику было наплевать на толпу
he left the crowd with the lamp he had set out to get
Он вышел из толпы с лампой, которую собирался взять
and he went out of the city gates to a lonely place
И вышел из городских ворот в уединенное место
there he remained till nightfall
Там он пробыл до наступления ночи
and it nightfall he pulled out the lamp and rubbed it
И когда наступила ночь, он вытащил лампу и потер ее
The genie appeared to the magician
Джинн явился волшебнику
and the magician made his command to the genie
И волшебник отдал свой приказ джинну
"carry me, the princess, and the palace to a lonely place in Africa"
«Отнесите меня, принцессу и дворец в уединенное место в Африке»

Next morning the Sultan looked out of the window toward Aladdin's palace
На следующее утро султан выглянул из окна на дворец Аладдина
and he rubbed his eyes when he saw the palace was gone
И он протер глаза, когда увидел, что дворца больше нет
He sent for the Vizier and asked what had become of the palace
Он послал за визирем и спросил, что стало с дворцом
The Vizier looked out too, and was lost in astonishment
Визирь тоже выглянул наружу и затерялся от изумления
He again put it down to enchantment
Он снова списал это на чары
and this time the Sultan believed him
и на этот раз султан поверил ему
he sent thirty men on horseback to fetch Aladdin in chains
он послал тридцать человек верхом на лошадях за Аладдином в цепях
They met him riding home
Они встретили его по дороге домой
they bound him and forced him to go with them on foot
Они связали его и заставили идти с ними пешком
The people, however, who loved him, followed them to the palace
Однако люди, которые любили его, последовали за ними во дворец
they would make sure that he came to no harm
Они позаботятся о том, чтобы ему не причинили вреда
He was carried before the Sultan
Его несли к султану
and the Sultan ordered the executioner to cut off his head
и султан приказал палачу отрубить ему голову
The executioner made Aladdin kneel down before a block of wood
Палач заставил Аладдина встать на колени перед

деревянной глыбой
he bandaged his eyes so that he could not see
Он забинтовал ему глаза, чтобы он не мог видеть
and he raised his scimitar to strike
И он поднял ятаган, чтобы ударить
At that instant the Vizier saw the crowd had forced their way into the courtyard
В эту минуту визирь увидел, что толпа ворвалась во двор
they were scaling the walls to rescue Aladdin
они карабкались по стенам, чтобы спасти Аладдина
so he called to the executioner to halt
И он крикнул палачу, чтобы тот остановился
The people, indeed, looked so threatening that the Sultan gave way
Народ действительно выглядел настолько угрожающе, что султан уступил
and he ordered Aladdin to be unbound
и он приказал развязать Аладдина
he pardoned him in the sight of the crowd
Он помиловал его на глазах у толпы
Aladdin now begged to know what he had done
Теперь Аладдин умолял рассказать, что он сделал
"False wretch!" said the Sultan "come thither"
«Лживый негодяй, — сказал султан, — иди сюда»
he showed him from the window the place where his palace had stood
Он показал ему из окна место, где стоял его дворец
Aladdin was so amazed that he could not say a word
Аладдин был так поражен, что не мог вымолвить ни слова
"Where is my palace and my daughter?" demanded the Sultan
«Где мой дворец и моя дочь?» — спросил султан
"For the first I am not so deeply concerned"
«Во-первых, я не так глубоко обеспокоен»
"but my daughter I must have"
«Но моя дочь должна быть»

"and you must find her or lose your head"
«И ты должен найти ее или потерять голову»
Aladdin begged to be granted forty days in which to find her
Аладдин умолял дать ему сорок дней, чтобы найти ее
he promised that if he failed he would return
Он пообещал, что если ему это не удастся, то он вернется
and on his return he would suffer death at the Sultan's pleasure
а по возвращении он должен был умереть по желанию султана
His prayer was granted by the Sultan
Его молитва была удовлетворена султаном
and he went forth sadly from the Sultan's presence
И он с грустью ушел от султана
For three days he wandered about like a madman
Три дня он скитался, как сумасшедший
he asked everyone what had become of his palace
Он спрашивал всех, что стало с его дворцом
but they only laughed and pitied him
но они только смеялись и жалели его
He came to the banks of a river
Он подошел к берегу реки
he knelt down to say his prayers before throwing himself in
Он опустился на колени, чтобы помолиться, прежде чем броситься в воду
In so doing he rubbed the magic ring he still wore
При этом он потер волшебное кольцо, которое все еще носил
The genie he had seen in the cave appeared
Появился джинн, которого он видел в пещере
and he asked him what his will was
И спросил Его, какова Его воля
"Save my life, genie" said Aladdin
— Спаси мне жизнь, джинн, — сказал Аладдин
"bring my palace back"
«Верните мой дворец»

"That is not in my power" said the genie
— Это не в моей власти, — сказал джинн
"I am only the Slave of the Ring"
«Я всего лишь раб кольца»
"you must ask him for the lamp"
«Ты должен попросить у него лампу»
"that might be true" said Aladdin
— Может быть, это и так, — сказал Аладдин
"but thou canst take me to the palace"
"Но ты можешь отвести меня во дворец"
"set me down under my dear wife's window"
«Уложи меня под окном моей дорогой жены»
He at once found himself in Africa
Он сразу же оказался в Африке
he was under the window of the Princess
он был под окном княгини
and he fell asleep out of sheer weariness
И он заснул от усталости
He was awakened by the singing of the birds
Его разбудило пение птиц
and his heart was lighter than it was before
И на душе у него стало легче, чем было раньше
He saw plainly that all his misfortunes were owing to the loss of the lamp
Он ясно видел, что все его несчастья были связаны с потерей лампы
and he vainly wondered who had robbed him of it
И он тщетно размышлял о том, кто его отнял
That morning the Princess rose earlier than she normally
В то утро принцесса встала раньше обычного
once a day she was forced to endure the magicians company
Раз в день она была вынуждена терпеть компанию волшебников
She, however, treated him very harshly
Она, однако, обошлась с ним очень сурово
so he dared not live with her in the palace

Поэтому он не осмеливался жить с ней во дворце
As she was dressing, one of her women looked out and saw Aladdin
Когда она одевалась, одна из ее женщин выглянула наружу и увидела Аладдина
The Princess ran and opened the window
Принцесса побежала и открыла окно
at the noise she made Aladdin looked up
Услышав шум, который она издала, Аладдин поднял глаза
She called to him to come to her
Она позвала его, чтобы он подошел к ней
it was a great joy for the lovers to see each other again
Для влюбленных было большой радостью снова увидеть друг друга
After he had kissed her Aladdin said:
Поцеловав ее, Аладдин сказал:
"I beg of you, Princess, in God's name"
«Умоляю вас, принцесса, во имя Бога»
"before we speak of anything else"
«прежде чем мы поговорим о чем-то еще»
"for your own sake and mine"
«Ради себя и ради меня»
"tell me what has become of the old lamp"
«Скажи мне, что стало со старой лампой»
"I left it on the cornice in the hall of four-and-twenty windows"
«Я оставил его на карнизе в холле с двадцатью четырьмя окнами»
"Alas!" she said, "I am the innocent cause of our sorrows"
«Увы, — сказала она, — я невинная причина наших печалей»
and she told him of the exchange of the lamp
И она рассказала ему об обмене лампы
"Now I know" cried Aladdin
— Теперь я знаю, — воскликнул Аладдин
"we have to thank the magician for this!"

«Мы должны поблагодарить Волшебника за это!»
"Where is the lamp?"
— Где лампа?
"He carries it about with him" said the Princess
— Он носит ее с собой, — сказала принцесса
"I know he carries the lamp with him"
«Я знаю, что он носит с собой лампу»
"because he pulled it out of his breast to show me"
«Потому что он вытащил его из груди, чтобы показать мне»
"and he wishes me to break my faith with you and marry him"
«И он хочет, чтобы я нарушила свою веру с тобой и вышла за него замуж»
"and he said you were beheaded by my father's command"
«И он сказал, что ты был обезглавлен по повелению отца моего»
"He is for ever speaking ill of you"
«Он вечно говорит о вас плохо»
"but I only reply by my tears"
«Но я отвечаю только слезами»
"If I persist, I doubt not"
«Если я буду упорствовать, я не сомневаюсь»
"but he will use violence"
«Но он будет применять насилие»
Aladdin comforted his wife
Аладдин утешал жену
and he left her for a while
И он оставил ее на некоторое время
He changed clothes with the first person he met in the town
Он поменялся одеждой с первым встреченным в городе
and having bought a certain powder, he returned to the Princess
и, купив некий порошок, вернулся к княгине
the Princess let him in by a little side door
Принцесса впустила его через маленькую боковую дверь
"Put on your most beautiful dress" he said to her

— Надень свое самое красивое платье, — сказал он ей
"receive the magician with smiles today"
"Прими волшебника с улыбками уже сегодня"
"lead him to believe that you have forgotten me"
«Заставь его поверить, что ты забыл меня»
"Invite him to sup with you"
«Пригласи его поужинать с тобой»
"and tell him you wish to taste the wine of his country"
«И скажи ему, что хочешь отведать вина его страны»
"He will be gone for some time"
«Его еще какое-то время не будет»
"while he is gone I will tell you what to do"
«Пока его нет, я скажу тебе, что делать»
She listened carefully to Aladdin
Она внимательно слушала Аладдина
and when he left she arrayed herself beautifully
И когда он ушел, она красиво оделась
she hadn't dressed like this since she had left her city
Она не одевалась так с тех пор, как покинула свой город
She put on a girdle and head-dress of diamonds
Она надела пояс и головной убор из бриллиантов
she was more beautiful than ever
Она была прекраснее, чем когда-либо
and she received the magician with a smile
И встретила волшебницу с улыбкой
"I have made up my mind that Aladdin is dead"
«Я решил, что Аладдин мертв»
"my tears will not bring him back to me"
«Мои слезы не вернут его ко мне»
"so I am resolved to mourn no more"
«Поэтому я решил больше не скорбеть»
"therefore I invite you to sup with me"
«Поэтому Я приглашаю вас на вечерю со Мною»
"but I am tired of the wines we have"
«но я устал от вин, которые у нас есть»
"I would like to taste the wines of Africa"

«Я хотел бы попробовать вина Африки»
The magician ran to his cellar
Волшебник побежал в свой подвал
and the Princess put the powder Aladdin had given her in her cup
и принцесса положила порошок, который дал ей Аладдин, в свою чашку
When he returned she asked him to drink her health
Когда он вернулся, она попросила его выпить за ее здоровье
and she handed him her cup in exchange for his
И она протянула ему свою чашу в обмен на его
this was done as a sign to show she was reconciled to him
Это было сделано в знак того, что она примирилась с ним
Before drinking the magician made her a speech
Перед тем, как выпить, волшебник произнес с ней речь
he wanted to praise her beauty
Он хотел восхвалять ее красоту
but the Princess cut him short
но княгиня прервала его
"Let us drink first"
«Давайте сначала выпьем»
"and you shall say what you will afterwards"
"А потом говори, что хочешь"
She set her cup to her lips and kept it there
Она поднесла чашку к губам и держала ее там
the magician drained his cup to the dregs
Волшебник осушил свою чашу до дна
and upon finishing his drink he fell back lifeless
и, допив свой напиток, он упал бездыханным
The Princess then opened the door to Aladdin
Затем принцесса открыла дверь Аладдину
and she flung her arms round his neck
И она обвила руками его шею
but Aladdin asked her to leave him
но Аладдин попросил ее уйти от него
there was still more to be done

Предстояло сделать еще больше
He then went to the dead magician
Затем он отправился к мертвому волшебнику
and he took the lamp out of his vest
И он вынул лампу из жилета
he bade the genie to carry the palace back
Он велел джинну унести дворец обратно
the Princess in her chamber only felt two little shocks
Принцесса в своих покоях почувствовала только два небольших толчка
in little time she was at home again
Через некоторое время она снова была дома
The Sultan was sitting on his balcony
Султан сидел на своем балконе
he was mourning for his lost daughter
Он оплакивал свою потерянную дочь
he looked up and had to rub his eyes again
Он поднял голову и снова протер глаза
the palace stood there as it had before
Дворец стоял так же, как и раньше
He hastened over to the palace to see his daughter
Он поспешил во дворец, чтобы повидаться с дочерью
Aladdin received him in the hall of the palace
Аладдин принял его в зале дворца
and the princess was at his side
И принцесса была рядом с ним
Aladdin told him what had happened
Аладдин рассказал ему, что произошло
and he showed him the dead body of the magician
И он показал ему мертвое тело волшебника
so that the Sultan would believe him
чтобы султан поверил ему
A ten days' feast was proclaimed
Был объявлен десятидневный праздник
and it seemed as if Aladdin might now live the rest of his life in peace

и казалось, что Аладдин теперь может спокойно прожить остаток своей жизни
but it was not to be as peaceful as he had hoped
Но все оказалось не так мирно, как он надеялся

The African magician had a younger brother
У африканского волшебника был младший брат
he was maybe even more wicked and cunning than his brother
Возможно, он был даже более злым и хитрым, чем его брат
He travelled to Aladdin to avenge his brother's death
Он отправился к Аладдину, чтобы отомстить за смерть брата
he went to visit a pious woman called Fatima
Он отправился навестить благочестивую женщину по имени Фатима
he thought she might be of use to him
Он думал, что она может быть ему полезна
He entered her cell and clapped a dagger to her breast
Он вошел в ее камеру и приставил кинжал к ее груди
then he told her to rise and do his bidding
Затем он велел ей встать и исполнить его приказание
and if she didn't he said he would kill her
А если она этого не сделает, он сказал, что убьет ее
He changed his clothes with her
Он переоделся вместе с ней
and he coloured his face like hers
И он раскрасил свое лицо, как ее
he put on her veil so that he looked just like her
Он надел на нее вуаль, чтобы быть похожим на нее
and finally he murdered her despite her compliance
И в конце концов он убил ее, несмотря на то, что она подчинилась
so that she could tell no tales
чтобы она не могла рассказывать сказки
Then he went towards the palace of Aladdin

Затем он направился к дворцу Аладдина
all the people thought he was the holy woman
Все люди думали, что он и есть святая жена
they gathered round him to kiss his hands
Они собрались вокруг него, чтобы поцеловать его руки
and they begged for his blessing
И они просили у него благословения
When he got to the palace there a great commotion around him
Когда он добрался до дворца, вокруг него поднялся большой переполох
the princess wanted to know what all the noise was about
Принцесса хотела знать, из-за чего весь этот шум
so she bade her servant to look out of the window for her
Тогда она велела слуге выглянуть в окно, чтобы тот посмотрел на нее
and her servant asked what the noise was all about
И ее слуга спросил, что это за шум
she found out it was the holy woman causing the commotion
Она узнала, что это была святая женщина, вызвавшая переполох
she was curing people of their ailments by touching them
Она исцеляла людей от их недугов, прикасаясь к ним
the Princess had long desired to see Fatima
Принцесса давно хотела увидеть Фатиму
so she get her servant to ask her into the palace
Поэтому она попросила своего слугу пригласить ее во дворец
and the false Fatima accepted the offer into the palace
и лже-Фатима приняла предложение войти во дворец
the magician offered up a prayer for her health and prosperity
Волшебница вознесла молитву о ее здоровье и процветании
the Princess made him sit by her
Принцесса усадила его рядом с собой
and she begged him to stay with her
И она умоляла его остаться с ней

The false Fatima wished for nothing better
Лже-Фатима не желала ничего лучшего
and she consented to the princess' wish
И она согласилась на желание принцессы
but he kept his veil down
Но он держал свой покрывало опущенным
because he knew that he would be discovered otherwise
потому что он знал, что его обнаружат иначе
The Princess showed him the hall
Принцесса показала ему зал
and she asked him what he thought of it
И она спросила его, что он думает об этом
"It is truly beautiful" said the false Fatima
«Это действительно прекрасно», — сказала лже-Фатима
"but in my mind your palace still wants one thing"
«Но, по-моему, твой дворец все еще хочет одного»
"And what is that?" asked the Princess
«А что это?» — спросила принцесса
"If only a Roc's egg were hung up from the middle of this dome"
«Если бы только яйцо Рока было подвешено к середине этого купола»
"then it would be the wonder of the world" he said
«Тогда это было бы чудом света», — сказал он
After this the Princess could think of nothing but the Roc's egg
После этого принцесса не могла думать ни о чем, кроме яйца Рока
when Aladdin returned from hunting he found her in a very ill humour
Когда Аладдин вернулся с охоты, он застал ее в очень плохом расположении духа
He begged to know what was amiss
Он умолял объяснить, в чем дело
and she told him what had spoiled her pleasure
И она рассказала ему, что испортило ей удовольствие

"I'm made miserable for the want of a Roc's egg"
«Я несчастен из-за отсутствия яйца Рока»
"If that is all you want you shall soon be happy" replied Aladdin
— Если это все, чего ты хочешь, то скоро будешь счастлив, — ответил Аладдин
he left her and rubbed the lamp
Он оставил ее и потер лампу
when the genie appeared he commanded him to bring a Roc's egg
когда джинн появился, он приказал ему принести яйцо Рока
The genie gave such a loud and terrible shriek that the hall shook
Джинн издал такой громкий и страшный вопль, что зал содрогнулся
"Wretch!" he cried, "is it not enough that I have done everything for you?"
— Негодяй, — воскликнул он, — разве недостаточно того, что я все сделал для тебя?
"but now you command me to bring my master"
«Но теперь ты приказываешь мне привести моего господина»
"and you want me to hang him up in the midst of this dome"
«И ты хочешь, чтобы я повесил его посреди этого купола»
"You and your wife and your palace deserve to be burnt to ashes"
«Ты, твоя жена и твой дворец заслуживают того, чтобы быть сожженными дотла»
"but this request does not come from you"
"Но эта просьба исходит не от вас"
"the demand comes from the brother of the magician"
«Требование исходит от брата волшебника»
"the magician whom you have destroyed"
«Волшебник, которого ты уничтожил»
"He is now in your palace disguised as the holy woman"

«Сейчас он в вашем дворце, переодетый святой женщиной»
"the real holy woman he has already murdered"
«Настоящую святую женщину, которую он уже убил»
"it was him who put that wish into your wife's head"
«Это он вложил это желание в голову твоей жены»
"Take care of yourself, for he means to kill you"
«Береги себя, потому что он хочет убить тебя»
upon saying this the genie disappeared
Сказав это, джинн исчез
Aladdin went back to the Princess
Аладдин вернулся к принцессе
he told her that his head ached
Он сказал ей, что у него болит голова
so she requested the holy Fatima to be fetched
поэтому она попросила привести святую Фатиму
she could lay her hands on his head
Она могла положить руки ему на голову
and his headache would be cured by her powers
И его головная боль будет излечена ее силами
when the magician came near Aladdin seized his dagger
когда волшебник подошел ближе, Аладдин схватил его кинжал
and he pierced him in the heart
и пронзил его в сердце
"What have you done?" cried the Princess
«Что ты наделала?» — воскликнула принцесса
"You have killed the holy woman!"
— Ты убил святую женщину!
"It is not so" replied Aladdin
— Это не так, — ответил Аладдин
"I have killed a wicked magician"
«Я убил злого волшебника»
and he told her of how she had been deceived
И он рассказал ей о том, как она была обманута
After this Aladdin and his wife lived in peace
После этого Аладдин и его жена жили в мире

He succeeded the Sultan when he died
Он наследовал султану после его смерти
he reigned over the kingdom for many years
Он правил царством много лет
and he left behind him a long lineage of kings
Он оставил после себя длинный род царей

The End
Конец

www.ingramcontent.com/pod-product-compliance
Lightning Source LLC
Chambersburg PA
CBHW011954090526
44591CB00020B/2769